AF226700

SOCIÉTÉ DE GÉOGRAPHIE DE LISBONNE

(SOCIEDADE DE GEOGRAPHIA DE LISBOA)

LE MARQUIS DE SÁ DA BANDEIRA

EXTRAIT DU RAPPORT LU DANS LA PREMIÈRE SÉANCE SOLEMNELLE DE
LA «SOCIÉTÉ DE GÉOGRAPHIE DE LISBONNE» LE 7 MARS 1877

PAR LE SECOND SECRÉTAIRE GÉNÉRAL

RODRIGO AFFONSO PEQUITO

PROFESSEUR A L'INSTITUT INDUSTRIEL ET COMMERCIAL DE LISBONNE

TRADUCTION

LISBONNE
BUREAUX DE LA SOCIÉTÉ
89, Rua do Alecrim, 89
1878

IMPRIMERIE
89, Rua do Alecrim, 89
LISBONNE

Permettez-moi, Messieurs, d'occuper un moment votre atten-
tion en vous entretenant de notre défunt associé.

Nous avons perdu en lui une intelligence robuste, l'un des
plus respectables fondateurs de notre société, l'un de ceux qui en
prirent la formation le plus à cœur.

J'ai nommé le marquis de Sá da Bandeira.

Je ne parlerai pas ici du vaillant militaire, du héros des
guerres de la liberté.

Le marquis de Sá da Bandeira s'occupa de travaux divers,
et s'il fut un brave sur les champs de bataille, il fut aussi un
intrépide lutteur sur un autre terrain moins bruyant sans dou-
te mais non moins agité, peut-être moins rude mais non moins
difficile, moins dangereux peut-être mais également meurtrier,
le champ de l'étude.

Il était géographe consommé et reconnu comme tel.

Aussitôt que se furent terminées les luttes de la famille portugaise, luttes où il avait été blessé en combattant pour les principes libéraux, le marquis de Sá se voua à l'étude de nos colonies et conçut le plan grandiose de porter la civilisation dans ces contrées lointaines.

*
* *

Reconnaissant que la première chose à faire était d'abolir complétement le trafic par lequel une partie de l'humanité était esclave de l'autre, et voyant que les mesures prises jusque là n'avaient eu aucun résultat efficace, il signa, le 10 décembre 1836, en qualité de président du conseil des ministres, le décret qui devait mettre un terme à la traite des noirs dans toutes les possessions portugaises.

A cette date, Messieurs, commence cette moderne et grande épopée de la libération de la race noire, qui eut pour héros le grand homme d'État, notre toujours regretté collègue.

Antérieurement déjà, le 19 décembre 1835, dans des lettres ministérielles adressées aux gouverneurs d'Angola, de Cabo-Verde et de Saint-Thomé, le marquis de Sá leur avait recommandé la plus extrême vigilance afin de faire cesser l'abominable commerce qui, malgré des mesures réitérées, s'était continué.

Le mémorable décret de 1836 défendit l'exportation des esclaves par mer et par terre et leur importation par mer, à l'exception de ceux qui seraient importés ou exportés par le colon qui quitterait un point des possessions portugaises de l'Afrique pour aller s'établir sur un autre point, ou par celui qui viendrait d'un autre pays se fixer sur notre territoire. Toutefois le nombre des esclaves transportés dans ces conditions ne pouvait s'élever au-dessus de dix; lorsque ces dispositions étaient transgressées on donnait la liberté aux esclaves appréhendés qui recevaient, de l'autorité compétente, des lettres d'affranchissement.

En cette même année 1836 un traité ayant pour but la suppression de la traite avait été négocié entre feu le duc de Palmella et le ministre d'Angleterre en Portugal, lord Howard de Walden, traité qui n'aboutit point. Le 4 mai 1837, le marquis de Sá envoya à ce ministre une note accompagnée d'un contre-projet de traité en harmonie avec les dernières dispositions décrétées. Il s'en suivit une longue et curieuse correspondance entre les deux diplomates, dans laquelle le marquis de Sá maintint toujours la dignité de la nation portugaise comme il savait la maintenir par son caractère chevaleresque. D'autres ministres poursuivirent les négociations jusqu'au 3 juillet 1842, époque à laquelle fut signé entre le Portugal et la Grande-Bretagne un traité qui déclarait le commerce des noirs acte de piraterie, qui fixait la peine inhérente à ce crime, qui instituait une commission mixte composée de membres des deux nations pour prononcer sur les prises faites par les navires croiseurs, et qui, enfin, rendait la liberté aux esclaves trouvés à bord des négriers.

Avant que cette convention fût conclue, la Grande-Bretagne ne nous avait pas mesuré les reproches.

Son parlement autorisa par un *bill* les navires anglais à saisir sur toutes les mers les navires portugais soupçonnés de se livrer à la traite, ces navires et leur équipages restant à la disposition des tribunaux anglais. Cette mesure qui portait une si grande atteinte à notre indépendance, fut proposée et défendue par le ministre des affaires étrangères, lord Palmerston, qui allégua en faveur de sa proposition le manque d'accomplissement des traités par le Portugal. Comme le marquis de Sá avait été de tous les ministres portugais celui qui avait pris

le plus à cœur la révision des conventions existantes, il crut
devoir publier, en 1840, alors qu'il n'était plus au pouvoir, un
opuscule intitulé: *O trafico da escravatura e o bill de lord Palmerston,* (La traite des noirs et le bill de lord Palmerston,) dans
lequel il combattit à l'aide d'un grand nombre de faits
et avec une profonde connaissance de cause les accusations
aussi graves que peu fondées qui avaient surgi contre le gouvernement portugais au sein du parlement de la Grande-Bretagne.

Dans cet opuscule le marquis de Sá flétrit le procédé in-
convenant d'une nation d'ailleurs respectable et défendit brillam-
ment l'honneur de son pays.

*
* *

Je ne suivrai pas dans ce compte-rendu, Messieurs, un or-
dre rigoureusement chronologique. J'indiquerai les actes de notre collègue suivant le rapport existant entre eux à différentes
époques et je grouperai ainsi la série des mesures que, pendant
l'exercice de ses nombreuses charges, il prit dans le but de
civiliser nos colonies d'Afrique.

*
* *

Les malheureux indigènes de ces vastes colonies étaient non-
seulement privés de la liberté mais encore assujettis à des travaux au-dessus de leurs forces. Le service de chargeurs (porte
faix appelés dans le pays *carregadores*) était excessivement pé-
nible, on ne peut y penser sans se sentir ému.

Les marchands *(aviados et pombeiros)* qui se rendaient dans
'intérieur pour y faire des échanges d'esclaves, de cire et d'ivoi-

re, chargeaient les nègres de fardeaux extrêmement lourds et les contraignaient à de si longs voyages et à de telles fatigues que souvent ces nègres prenaient la fuite pour échapper à ces horribles travaux; pour empêcher cette fuite on avait recours aux moyens les plus barbares; les noirs étaient enchaînés par le cou et soumis parfois à des traitements si cruels qu'ils finissaient par y succomber.

S'il n'existait point pour ces infortunés de sociétés protectrices soumettant leur travail à une fiscalisation comme on le fait aujourd'hui en Europe pour les bêtes de somme, ils trouvèrent néanmoins dans le marquis de Sá un cœur compatissant qui s'était voué à leur cause et s'était promis de leur rendre les droits qu'ils tenaient de la nature et que les hommes leur avaient ravis.

Le décret du 31 janvier 1839 ordonnant au gouverneur d'Angola de défendre aux *capitaines-majors* et aux commandeurs de fournir les porteurs qu'ils exigeaient violemment des Sobas, pour le transport des marchandises destinées, soit à sortir des domaines portugais, soit à les traverser, fut la première mesure adoptée. Le décret du 3 novembre 1856 vint abolir complétement ce service forcé. Plus tard, les arrêtés ministériels du 19 janvier et du 22 septembre 1858 vinrent rendre effectives les dispositions de ce décret.

Ayant appris toutefois que les autorités subalternes embarrassaient l'exécution de ce décret et n'en accomplissaient point les dispositions, le marquis de Sá signa, le 5 février 1859, un arrêté ministériel dans lequel il était ordonné au gouverneur de la province d'Angola de procéder à une enquête rigoureuse sur la conduite de ces autorités, de les destituer, de les mettre en procès et de porter à la connaissance des tribunaux tous les éclaircissements nécessaires afin que les coupables ne restassent point impunis.

Je n'irai pas plus loin sans vous rappeler auparavant l'arrêté ministériel du 7 novembre 1838 qui mit un terme aux vexations pratiquées à l'égard des Baneanes, des Parses, des Moures et des Gentis nés ou domiciliés sur les terres portugaises, arrêté dans lequel on faisait savoir au gouverneur de Moçambique qu'aucune autorité n'avait le pouvoir légal de priver un Portugais né, soit en Europe, soit en Asie, soit en Afrique, et quelles que fussent sa couleur, sa race et sa religion, des droits qui lui étaient garantis par la constitution.

*
*   *

Le marquis de Sá comprit que pour civiliser l'Afrique il ne suffisait point de briser les fers de l'esclavage et que, à côté de l'importante question humanitaire, surgissaient les nombreuses et complexes questions économiques relatives au commerce, à l'industrie et à l'agriculture.

Si ses travaux dans ce sens furent d'une moindre importance, il ne doivent point pour cela être oubliés car ils furent du moins les premiers entrepris.

Les arrêtés du 2 juin et du 19 juillet 1838 recommandèrent au gouverneur de Moçambique la création d'un musée destiné principalement à la collection des produits les plus rares de la Afrique celle d'un jardin botanique pour les plantes les plus remarquables de la flore africaine et servant aussi à l'acclimatation des végétaux des autres parties du monde, la formation enfin d'une bibliothèque dans la ville capitale.

Un savant naturaliste ayant été chargé pendant la même année de l'exploration de la province d'Angola et de la formation de trois collections dont l'une devait rester à Loanda, le marquis de Sá ordonna, par arrêté ministériel du 19 septembre, que le gouverneur choisît parmi les édifices publics de cette capitale celui qui serait le plus convenable pour y placer cette collection; il ordonna encore qu'une bibliothèque fût organisée dans le même bâtiment et qu'un jardin botanique y fût préparé.

Une troisième province, celle de Cabo-Verde, fut encore enrichie d'un musée, par arrêté du 7 fevrier 1859.

Ces mesures intéressaient également l'industrie et la science; si quelques-unes d'entre elles n'eurent point d'effet, on ne peut l'attribuer au marquis de Sá qui mit bien en évidence la culture de son esprit élevé en signant tous ces documents.

*
* *

Le marquis de Sá s'occupa également de la colonisation de nos provinces outremarines.

Le 17 mars 1836 il décida que l'offre faite par le gouverneur de Benguella de ses émoluments, fût acceptée en faveur des habitants de ce district, et que, eu égard à la bonté du climat et à la fertilité du sol sur les rives du Catumbela, il y fût fondé un nouveau village auquel on donnerait le nom d'Asseiceira—*en mémoire de la bataille qui porta le dernier coup à la tyrannie et à l'usurpation en Portugal,* suivant les propres termes de l'arrêté.

Le 2 juin 1838, il porta à la connaissance du gouverneur de Moçambique que, sur l'invitation du gouvernement, plusieurs élèves de la Casa Pia ainsi que d'autres individus exerçant des arts et des métiers divers allaient se rendre dans cette province, et il recommanda à cette autorité de leur fournir les moyens de s'établir.

Par les arrêtés du 31 janvier et du 7 février 1857, il s'occupa de la formation d'une colonie dans la baie de Pemba, district de Cabo Delgado, province de Moçambique.

Les arrêtés du 27 et du 28 février de la même année se rapportent à 29 colons allemands qui étaient partis pour Mossamedes. L'un de ces arrêtés invite le gouverneur d'Angola à former un village dans ce district, village qui devrait s'appeler Krus, du nom de celui qui avait engagé ces colons et aussi parce qu'il avait promis d'en faire partir d'autres.

Le 15 juillet le marquis de Sá autorisa les dépenses nécessaires à l'établissement d'une colonie dont la fondation avait été commencée par le gouverneur de la province de Cabo-Verde aidé par le gouverneur de la Guinée, sur le Rio Grande, pays de Guinala, où avait déjà existé un village portugais. Cette localité reprit à cette occasion son ancien nom de Santa Cruz.

Il concéda des terrains à une compagnie allemande par décret du 10 décembre 1858, et en conformité de la loi du 21 août 1856 qui permettait d'aliéner les terrains incultes des colonies appartenant à l'État. Cette concession avait pour but la formation d'une colonie dans le Zambeze, province de Moçambique.

Le marquis de Sá décida encore la fondation de quelques colonies militaires composées d'Européens; l'une d'elles, située sur le territoire de Huilla, district de Mossamedes, à laquelle se rapportent les arrêtés du 26 décembre 1857, du 10 juillet, du 27 et du 30 août, et du 6 septembre 1858; une autre dans le Zambeze et dont la création fut ordonnée le 25 mai 1858; une autre enfin sur les terres du district de Tete, créée le 27 juillet de la même année.

Pour ce qui a rapport à la colonisation, si les travaux et les résolutions de notre défunt et respectable confrère n'ont pas été suivis d'après un plan préalablement organisé, nous n'en devons pas moins reconnaître que si toutes les colonies dont il avait décidé la création existaient, un grand pas aurait été fait.

Il n'en fut pas ainsi. Son esprit généreux et confiant, et son amour pour nos possessions d'Afrique l'aveuglèrent souvent sur la conduite de quelques hommes qui trahirent sa confiance.

*
*   *

Pendant les nombreuses fois qu'il eut à sa charge le porte-feuille des colonies, le marquis de Sá protégea par tous les moyens la culture de différents produits dans le but de pro-curer le plus grand accroissement à l'agriculture africaine.

Dans l'arrêté du 19 juillet 1838, il recommanda au gouver-neur de Moçambique d'encourager autant que possible la plan-tation de la canne à sucre, du café et du coton.

Il recommanda au gouverneur d'Angola, dans les arrêtés du 8 et du 12 septembre, du 19 novembre 1857 et du 24 juillet 1858, la culture, sur une grande échelle, de la canne à sucre, du coton et du tabac, et la distillation de l'eau-de-vie.

Enfin il rappela au gouverneur de Saint-Thomé et Principe par son arrêté du 29 septembre 1857, l'avantage qu'il y au-rait dans l'augmentation de la culture du café, du cacao et de la canne à sucre, et dans l'introduction du clou de girofle, de l'arbre à pain, du roucouyer et autres plantes.

Mais il ne se borna point à de simples recommandations.

Il accorda des récompenses aux meilleurs cultivateurs, il distribua des graines, des machines et des instruments aratoi-ses, aux uns gratuitement, aux autres en leur accordant des délais pour le payement de ces objets; il fit de nombreuses concessions de terrains, il ordonna le soutien des laboureurs pendant les premièers années de défrichement, il licencia les soldats et les officiers qui, sans préjudice du service de l'État, désiraient se vouer à la vie rurale; il réorganisa enfin les juntes pour l'amélioration agricole.

Afin d'éclairer les agriculteurs sur la manière dont on cultivait le coton aux État-Unis, dans l'Inde, aux Antilles, en Afrique, en Chine et au Brésil, il publia en 1862 une brochure intitulée: *Cultura do algodão. Noticia sobre esta cultura e modo de trazer o seu producto ao commercio.* (Culture du coton. Notice sur cette culture et manière d'en apporter le produit dans le commerce).

La modestie du marquis de Sá lui conseilla de ne point signer ce travail qu'il avait extrait de différentes publications, mais son désir d'être utile se manifesta par l'apparition même de ce livre

*

*   *

Les magnifiques mines que possède ce vaste continent n'échappèrent point à son observation; les décrets du 1.er octobre et du 6 novembre 1838 en sont la preuve. Par ces décrets il autorisa les gouverneurs de la province d'Angola et des districts de Quilimane et de Rios de Sena à former des compagnies pour l'exploitation des mines de houille, de soufre, de pétrole, de fer, de cuivre et autres métaux. Le décret du 9 octobre 1838 ordonna l'exploitation par l'administration des finances, des mines du territoire d'Angola quand on ne pourrait organiser des compagnies; l'arrêté ministériel du 8 mai 1857 se rapporte aux mines du fleuve Cubo, et la loi du 27 février 1858 approuva les dépenses occasionnées par l'expédition envoyée aux mines de cuivre de Bembe, district d'Encoge.

*
* *

Pour que les industries pussent prospérer dans les colonies, il était nécessaire que le commerce y allât chercher ses produits; dans ce but il ouvrit au commerce direct les ports de Lourenço Marques, Sofala, Inhambane, Quilimane et Cabo Delgado, par l'arrêté du 20 juillet 1838. Il ouvrit également au commerce étranger, le 18 décembre 1856, le port de Mossamedes.

Voyant combien peu les navires nationaux fréquentaient les établissements portugais de la côte de Guinée, il s'adressa, le 14 décembre 1857, à l'association commerciale de Porto, lui indiquant l'avantage qu'il y aurait pour cette ville à entrer en rapport avec ces établissements, ce que l'on pouvait facilement obtenir en envoyant dans ces parages des commissaires européens·

*
* *

Je pourrais vous citer les mesures prises dans un but d'assainissement et qui se trouvent consignées dans les arrêtés du 14 sepbre 1838, du 18 juin 1857 et dans le décret du 26 septembre 1870 qui concerne l'approvisionnement d'eau à Cabo Verde; je pourrais vous rappeler ce qui a été fait au sujet de l'importante question des voies de communication terrestres et fluviales par les arrêtés du 30 juillet et du 23 décembre 1857, et du 7 juillet 1865, par le décret du 28 août 1857 et la loi du 9 mars 1859; je pourrais encore me rapporter aux décrets du 18 septembre et du 14 octobre 1856, et du 10 novembre 1857, ainsi qu'aux arrêtés du 26 septembre et du 11 novembre 1856 qui créèrent les juntes générales de district dans les provinces

africaines et fixèrent avec une remarquable sagesse les objets
que ces juntes devaient avoir en vue et devaient étudier dans
leurs séances; je pourais vous citer les mesures prises à l'égard
de l'instruction publique en Afrique, mesures qui sont indiquées
dans les arrêtés du 19 novembre 1856, du 26 septembre 1857
et du 23 novembre 1858; je pourrais enfin vous citer l'arrêté
du 10 septembre 1857 qui décida l'établissement d'un obser-
vatoire météorologique dans la ville de Praia de Cabo Verde, et
qui se trouve aujourd'hui à la charge d'un de nos membres cor-
respondants; et tout cela dans le but, si cela était nécessaire,
ae vous montrer à quel point le marquis de Sá da Bandeira
s'occupa de toutes les choses éminemment grandes et de tous les
détails relativement insignifiants qui étaient indispensables pour
rapprocher l'homme sauvage de l'homme civilisé et mettre en
lumière les sources de richesse que renferme le fertile continent de l'Afrique.

*
*   *

Nous ne devons pas oublier l'arrêté du 10 février 1857 qui,
en même temps qu'il approuvait l'assistance prêtée par les autorités des domaines portugais en Afrique au dr. David Le-
vingstone, leur ordonnait d'en agir de même envers tous les
voyageurs qui s'occuperaient d'explorations scientifiques.

Il serait peut-être à propos, Messieurs, d'établir ici une com-
paraison entre notre respect pour les savants étrangers et le
dédain avec lequel nous sommes traités; mais la science est
au-dessus de l'homme et c'est pour elle que nous avons agi.

*
* *

Je vous ai déjà parlé de quelques ouvrages de notre regretté collègue; je vous en indiquerai encore plusieurs autres.

En 1855 il publia un mémoire intitulé: *Factos e consideracões relativas aos direitos de Portugal sobre os territorios de Mo_lembo, Cabinda e Ambriz* (Faits et considérations relatifs aux droits du Portugal sur les territoires de Molembo, Cabinda et Ambriz). Ce mémoire parut à la suite de celui qui avait été écrit sur le même objet par l'éminent géographe portugais, le vicomte de Santarem, et auquel le marquis de Sá voulait ajouter quelques preuves démontrant nos droits sur la côte occidentale de l'Afrique, dans la partie comprise entre le cap de Lopo Gonçalves et le cap Negro.

En 1861 il publia la carte du Zambeze et de Sofala au sujet de laquelle M. de La Roquette, de la Société de Géographie de Paris, donne, dans le *bulletin* de cette Société, une longue notice très flatteuse pour le marquis de Sá et pour le Portugal, notice dont on eut connaissance à Lisbonne par un article de notre illustre collègue M. Teixeira de Vasconcellos, dans la *Revolução de Setembro* du 13 août 1862.

Quoique ayant consulté, pour la construction de cette carte, différents ouvrags étrangers, le marquis de Sá étudia principalement l'*Ethiopia oriental* du P. João dos Santos, la *Relação do novo caminho por terra e mar da India para Portugal* du P. Manuel Godinho et le *Muata Cazembe* du major Gamitto.

Il fit quelques extraits de ces voyages, extraits qui furent d'abord publiés dans le n.° 39 de l'*Archivo Pittoresco* de 1861, puis transcrits dans le *Jornal do Commercio* du 3 janvier 1862.

En 1863 il termina le *Mappa geral de Angola* (Carte générale d'Angola) à la construction de laquelle avait coopéré l'explorateur du Cunene, feu Fernando da Costa Leal, nom qui est fort honoré dans la géographie portugaise.

Plus tard, en 1873, il publia un volume fort curieux: *O trabalho rural africano e a administração colonial*, (Le travail rural en Afrique et l'administration coloniale).

A l'égard de cet ouvrage, il assura, dans une lettre publiée en 1874 sous le titre: *A emancipação dos libertos* (L'émancipation des affranchis), qu'il avait eu en vue d'*éclaircir la question relative à l'abolition du travail forcé dans nos colonies.*

*

* *

Revenons, Messieurs, à la question humanitaire; si à l'égard des autres questions les hommes les plus exigeants et ceux-là ne sont pas toujours les plus justes, peuvent reprocher au marquis de Sá des erreurs qui sont inhérentes à l'humanité, sur celle-là du moins il ne mérite que les bénédictions de toute une race et le respect des générations à venir.

Le nom du marquis de Sá est lié à toutes les attaques dirigées de nos jours contre l'esclavage; depuis la première qui eut lieu le 10 décembre 1836 jusqu'à la dernière, le 29 avril 1875.

Le décret de 1836 fut suivi de celui du 14 décembre 1854, et si ce dernier n'est pas signé par notre collègue, ce fut lui en tout cas qui l'inspira dans l'assemblée du 9 décembre 1853, au conseil des colonies dont il était président. Combien est attendrissant le spectacle de cette assemblée réunie sur la requête d'une infortunée esclave créole de l'île de Saint-Thomé, nommée Domingas de Sousa, qui possédant assez d'argent pour se racheter ne pouvait le faire à cause du manque de dispositions légales à cet effet.

Ce décret de 1854 permit l'affranchissement de l'esclave lorsqu'il pourrait indemniser son maître de la perte de ses services; il fixa la distinction entre l'esclave et l'affranchi, condition dans laquelle se trouvaient dès lors les nègres importés par terre et qui étaient obligés de servir leur maître pendant dix années seulement; il donna la liberté à tous les esclaves appartenant à l'État et permit le rachat des enfants moyennant la somme de cinq mille reis versée à l'occasion du baptème. Cette dernière mesure vint légaliser un ancien usage des provinces de Cabo Verde et de Saint-Thomé et Principe et ne modifia que le prix du rachat qui avait été jusqu'alors de dix mille réis.

Ce même décret prit encore les mesures suivantes: l'enregistrement, dans le délai de 30 jours, des esclaves existant sur le territoire portugais et de ceux qui seraient importés par terre; la création de juntes protectrices des esclaves et des affranchis dans toutes les colonies.

Les noirs pouvaient se marier, et la femme voyait du moins s'adoucir sa condition d'esclave en prenant le doux nom d'épouse et de mère. L'usage barbare qui séparait et brisait des affections qui, pour n'être point nées dans des esprits cultivés, n'en étaient pas moins sincères et ardentes, cet usage fut encore anéanti par le décret de 1854.

Si j'énumérais toutes les instructions qui furent publiées pour éclairer et susciter l'observation des lois ayant pour but de réprimer le commerce des esclaves, ce compte-rendu serait beaucoup trop long; je me bornerai donc à rapporter celles qui donnèrent graduellement la liberté aux nègres de l'Afrique.

Le cœur charitable du marquis de Sá ne pouvait laisser dans l'oubli la situation lamentable des nouveau-nés qui, privés de la protection et des caresses maternelles, n'avaient d'appui que dans la cupidité des maîtres qui voyaient s'augmenter leur avoir au fur et à mesure de la naissance d'un être humain destiné à l'esclavage. Le marquis mit fin à cet état de choses le 24 juillet 1856, en déclarant libres tous les enfants de mères esclaves, nés à partir de la publication de cette loi.

Le 30 juin et le 25 juillet de la même année, la liberté fut accordée aux esclaves appartenant aux municipalités, aux établissements de piété et aux églises.

L'esclavage fut aboli dans l'Ambriz, le Cabinda et le Molembo et dans les îles Saint-Vicente et Saint-Nicolao de Cabo Verde, par la loi du 5 juillet 1856 et les arrêtés du 10 mars 1857 et du 29 septembre 1858.

Le 18 août 1856 on renouvela d'anciennes mesures en donnant la liberté à tous les esclaves, nationaux et étrangers, qui débarqueraient sur un point quelconque du Portugal, des îles Açores et Madère, de l'État de l'Inde, de Macao et de ses dépendances. Le 13 novembre 1857, il fut décidé que les esclaves sortis des domaines portugais après la défense faite de les exporter (loi du 10 décembre 1836) seraient considérés comme libres tant pendant leur séjour à l'étranger qu'après leur retour.

Il devenait nécessaire de prendre une mesure générale et de frapper l'esclavage d'un coup décisif; le décret du 29 avril 1858 vint satisfaire cette nécessité en décidant que le jour qui compléterait vingt années à partir de cette date, l'esclavage sans aucune exception serait aboli.

L'esclavage ne pouvait donc subsister que jusqu'au 29 avril 1878, mais le marquis de Sá n'était point encore satisfait et lorsqu'il fut président du conseil des ministres, il signa le décret du 25 février 1869 qui supprimait les esclaves et laissait ceux qui existaient encore dans la condition d'affranchis jusqu'à cette date.

Un fatal pressentiment lui disait qu'il n'assisterait point à l'achèvement de son œuvre colossale et, tel qu'un tendre père qui prépare pendant sa vie le bien-être de ses enfants, dans la séance de la chambre des pairs du 13 janvier 1874 il présenta un projet afin que les affranchis fussent immédiatement déclarés libres. Ce ne fut que le 29 avril 1875 que son projet fut converti en loi décidant que, une année après sa publication, tous les nègres entreraient en jouissance de leur liberté.

*
* *

Son œuvre était terminée. Le 6 janvier 1876 cette brillante intelligence s'éteignit, laissant dans notre société une place vacante et bien difficile à remplir.

Je n'ai pas eu, Messieurs, le vaine prétention de faire un panégyrique car mon langage manque des ornements indispensables à l'éloquence. J'ai rappelé quelques souvenirs, et les événements survenus récemment dans le domaine de la Géographie m'ont porté à ne parler que des actes de notre regretté confrère à l'égard de l'Afrique, afin de pouvoir demander aujourd'hui: le pays qui a possédé un tel homme doit-il être, comme il l'a été dernièrement, accusé de n'avoir point aidé à la civilisation de ce continent?

Messieurs, si de tous ces riches matériaux on ne peut former un monument qui rappelle glorieusement aux générations futures l'existence du marquis de Sá da Bandeira, c'est que la postérité est un mensonge.

J'ai dit.

116

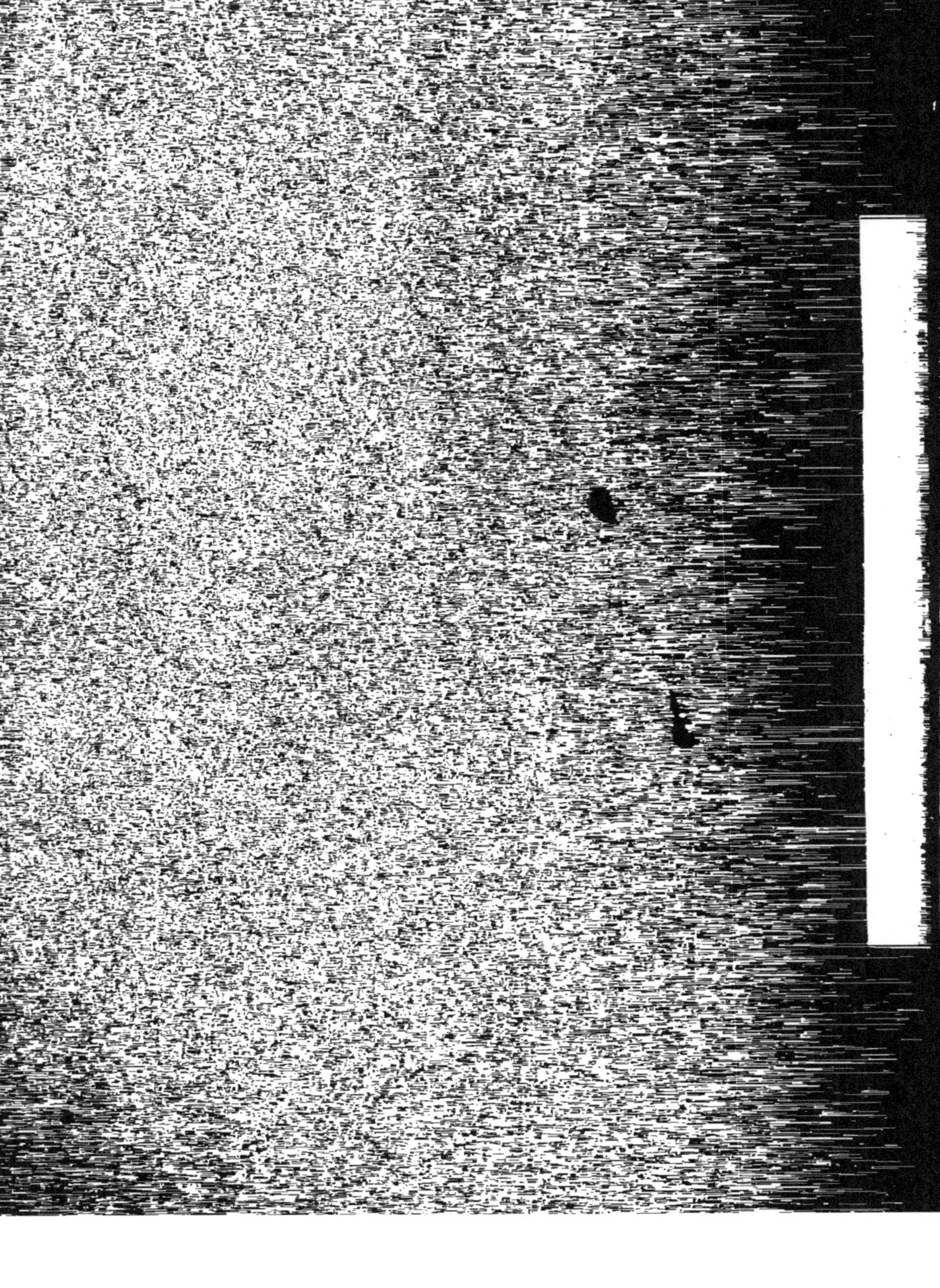